文部科学省後援事業

日本語検定

公式 過去問題集

令和6年度版

6級7級

過去問

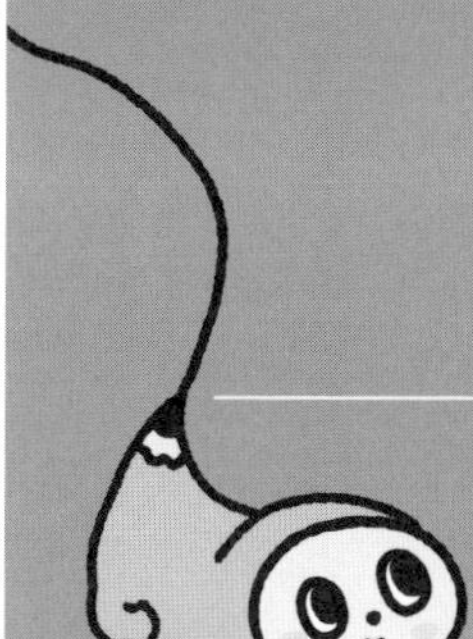

日本語検定委員会 編

東京書籍

目次

■本書について

■本書は、２０２３年度第２回検定問題（２０２３年11月11日実施）を収録しています。

■本書に収録された検定問題およびその解答・解説は日本語検定委員会が作成しました。

■本書の問題の出題範囲が、必ずしも２０２４（令和６）年度検定に出題される問題のすべての範囲を示すものではありません。

■本書の解答と解説に、各問題が主にどの領域の問題であるのかを示しました。領域については、本書４・５ページをご参照ください。

日本語検定のご案内

❶日本語検定の特徴

1 日本語の運用能力を測ります。

漢字や言葉の意味など特定の領域に限定せず、日本語の総合的な運用能力を測ります。そのため、6つの領域から幅広く出題します。

1 敬語　2 言葉のきまり　3 いろいろな言葉　4 言葉の意味　5 書き表し方　6 漢字

※ただし、7 級では領域を設けていません。

2 生活場面を想定した問題で、実感をもって取り組むことができます。

小学生から社会人までを対象とする日本語検定では、各級受検者の世代や社会的な役割を想定し、出題内容をそれぞれの生活場面に合わせています。

3 得意な領域・不得意な領域がわかり、自分の日本語を見直すきっかけになります。

受検者一人ひとりに作成される個人カルテ（成績表）には、小問ごとの正誤のほか、領域別得点率なども記されます。これによって、自分の得意な領域やのばす必要のある領域がわかり、自分自身の日本語力を見直すことができます。

❷検定問題

6領域＋総合問題で日本語力を幅広く判定

総合問題 6領域の力を総合的に用いた、文章や図表などの的確な読解など。	**敬語**	尊敬語・謙譲語・丁寧語の適切な使用
	言葉のきまり	語と語の正しいつながり
	いろいろな言葉	言葉の豊富さ
	言葉の意味	言葉の意味の理解
	書き表し方	適切な漢字の使用
	漢字	漢字や熟語の読み方、意味の理解

❸受検級について

受検級	認定級*	各級のレベル	受検の目安						
			社会人	大学生	高校生	中学生	小学校高学年	小学校中学年	小学校低学年
1級	1級／準1級	社会人上級レベル							
2級	2級／準2級	大学卒業～社会人中級レベル							
3級	3級／準3級	高校卒業～社会人基礎レベル							
4級	4級／準4級	中学校卒業レベル							
5級	5級／準5級	小学校卒業レベル							
6級	6級／準6級	小学校4年生レベル							
7級	7級／準7級	小学校2年生レベル							

＊得点率に応じて、2種類の認定があります。

❹受検時間について（一般会場）

級	受検時間	検定開始	級	受検時間	検定開始
1級	60分	13：30	2級	60分	11：00
3級	60分	13：30	4級	50分	11：00
5級	50分	13：30	6級	50分	11：00
7級	50分	13：30			

＊検定開始時刻が異なる級に限り、併願受検も可能です。

❺認定の基準について

日本語の総合的な能力を測る

6つの領域でバランスよく得点することが必要です。

領域別得点率が50%に満たない領域がある場合には、認定されません（7級を除く）。

総合得点率と領域別得点率の両方の基準を満たすことで認定されます。

認定級	総合得点率	領域別得点率
1級	80%程度以上	50%以上
準1級	70%程度以上	
2級	75%程度以上	
準2級	65%程度以上	
3級	70%程度以上	
準3級	60%程度以上	
4級	70%程度以上	
準4級	60%程度以上	
5級	70%程度以上	
準5級	60%程度以上	
6級	70%程度以上	
準6級	60%程度以上	
7級	70%程度以上	領域なし
準7級	60%程度以上	

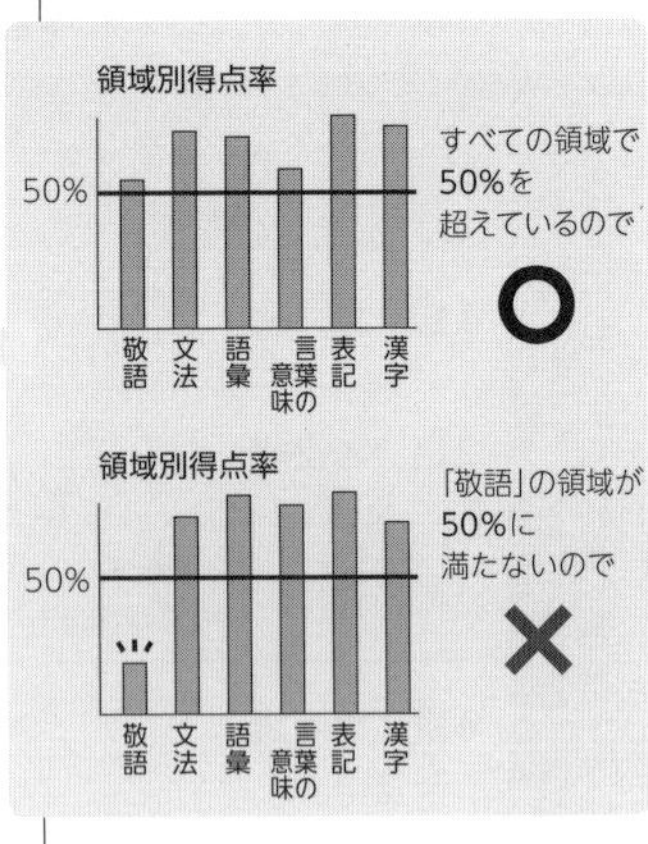

❻個人受検の流れ

＊団体受検につきましては、日本語検定委員会事務局までお問い合わせください。

1. お申し込み・受検料の支払い

＊お支払い後の取り消し・返金・級の変更・次回検定への繰り越しはできませんのでご注意ください。

①インターネットからのお申し込み

日本語検定ホームページから、お申し込みと受検料のお支払いができます。

＊お支払いは、クレジットカード・ペイジー・コンビニ決済・キャリア決済・コード決済から選択できます。

＊お申し込みページはこちら

②店頭でのお申し込み

取扱書店・商工会議所・代理店に申し込み、受検料をお支払いください。
「書店払込証書」または領収書（「払込受領証」等）を受け取り、出願書類を送付（下記2）してください。

③郵送でのお申し込み

郵便局または銀行の下記口座に受検料を振り込み、「払込受領証」を受け取り、出願書類を送付（下記2）してください。

［郵便振替］

口座番号　00190-3-578318
特定非営利活動法人　日本語検定委員会

［銀行振込］

三菱UFJ銀行　王子支店
普通口座　0023774
カナ　トクヒ）ニホンゴケンテイイインカイ
名義　特定非営利活動法人　日本語検定委員会

2. 出願書類の送付

＊ホームページからの申し込みの場合を除きます。

願書に必要事項を記入し、「書店払込証書」または領収書（「払込受領証」等）を、返信用63円切手とともに専用封筒に入れ、委員会事務局へ郵送してください。

【願書提出先】

特定非営利活動法人　日本語検定委員会　委員会事務局
〒114-8524　東京都北区堀船2-17-1

＊受検料をお支払いになっていても、上記書類が未着の場合はお申し込みが無効となりますのでご注意ください。

3. 受検票の受け取り

検定日の約1週間前

4. 受検

検定日

5. ホームページ上での解答速報閲覧

検定日の数日後

6. ホームページ上での合否速報閲覧

検定日の約25日後

7. 個人カルテ・認定証の受け取り

検定日の約35日後

❼ 2024（令和 6）年度　日本語検定　実施予定

第 1 回（通算第 35 回）

6 月 15 日（土）：一般会場

6 月 14 日（金）・15 日（土）：準会場

●**申込期間**：3 月 1 日（金）～ 5 月 17 日（金）＊5 月 18 日（土）消印有効

第 2 回（通算第 36 回）

11 月 9 日（土）：一般会場

11 月 8 日（金）・9 日（土）：準会場

●**申込期間**：8 月 1 日（木）～ 10 月 11 日（金）＊10 月 12 日（土）消印有効

●お問い合わせ・手続き取扱窓口

特定非営利活動法人
日本語検定委員会　委員会事務局
〒114-8524　東京都北区堀船2-17-1

0120-55-2858
午前 9:30～午後 4:30（土・日・祝日を除く）https://www.nihongokentei.jp

6級

令和5（2023）年度　第2回

日本語検定

検定問題

受検者のみなさんへ

1. 問題用紙は、合図を聞いてからひらいてください。
2. ページの順番がちがうときや、字が見えにくいようなよごれがあるときは、取りかえますので、手をあげてください。
3. 答案用紙の「受検者番号シールはりつけらん」に、受検番号と名前が書いてあるシールをはりつけてください。
4. 問題の内容についての質問には答えられません。
5. とちゅうで会場を出るときは、手をあげて、許可をもらってから出てください。

●検定実施：2023 年 11 月 11 日実施

●受検時間：50 分

特定非営利活動法人
日本語検定委員会

問1

【　　】のようなときのていねいな言い方として、最も適切なものを選んで、番号で答えてください。

一　【サッカーチームのコーチと、コーチが飼っている犬の話をして】

1　何という種類の犬。
2　何という種類の犬なの。
3　何という種類の犬ですか。

二　【朝の会で、新聞係の自分がクラスのみんなに】

1　今週の学級新聞ができあがったので、教室のけいじ板にはっておくよ。
2　今週の学級新聞ができあがったので、教室のけいじ板にはっておきます。
3　今週の学級新聞ができあがったので、教室のけいじ板にはっておくね。

三 【中学校を卒業した、となりの家のお姉さんに】

1 ご卒業、おめでとうございます。

2 ご卒業、おめでとう。

3 卒業、おめでとう。

四 【家に父をたずねてきた父の友人に】

1 父は二階にいます。よんでくるので、少しお待ちください。

2 父は二階にいらっしゃいます。よんでくるので、少しお待ちください。

3 お父さんは二階にいらっしゃいます。よんでくるので、少しお待ちください。

問2

一〜三のようなとき、（　　）に入る**ていねいな言い方**として、最も適切なものを選んで、番号で答えてください。

一 **【社会科見学で行ったじょう水場で、案内係の人にたずねて】**

どうやって水をきれいにしているのか、（　　）。

［ **1** 教えて　**2** 教えてよ　**3** 教えてください ］

二 **【学校の図書館で、司書の先生に】**

昨日先生から（　　）ことわざの本を、さっそく読んでみました。

［ **1** すすめてあげた　**2** すすめてもらった　**3** すすめていただいた ］

三 **【友達のお母さんに、自分の着ている洋服をほめられて】**

この服は、姉がデパートで（　　）ものです。

［ **1** 選んでくれた　**2** 選んでいただいた　**3** 選んでくださった ］

問3

一～四の文で、（　　　）に入る言い方として適切なのは、**1**と**2**のどちらでしょうか。番号で答えてください。

一 県立博物館では、地いきの歴史や文化について、くわしく（　　　）。

［**1** 調べれる　**2** 調べられる］

二 今日は天気がいいから、外にふとんを（　　　）。

［**1** ほせる　**2** ほせれる］

三 夜ふかしをやめたら、気持ちよく（　　　）ようになった。

［**1** 起きれる　**2** 起きられる］

四 市立図書館に行ったけれど、休館日だったので、本を借りて（　　　）なかった。

［**1** これ　**2** こられ］

問4

一～五の文は、ふつうの言い方として適切(てきせつ)でしょうか。適切な文であれば○を、不適切(ふ)な文であれば×を記入してください。

一　姉は、市内の中学校に自転車で通っています。

二　明日(あした)、沖縄(おきなわ)のおじいさんが久(ひさ)しぶりにうちに来ました。

三　イチョウの木から、黄色い葉がはらはらと落としています。

四　放課後(ほうかご)、上田さんと公園でバドミントンをしました。

五　弟が好(す)きな食べ物は、カレーライスをよく食べています。

問5

一～四の【　　】のなかの二つの言葉は、表す意味の点でどんな関係（かんけい）になっているでしょうか。同じ関係になっている組み合わせを一つ選（えら）んで、番号で答えてください。
［　　］のなかに書いてある、いろいろな関係を参考（さんこう）にして考えましょう。

一　**【米—田】**

［1 りんご—果物（くだもの）　2 魚—貝　3 にんじん—畑］

二　**【ピアノ—楽器（がっき）】**

［1 野球—グローブ　2 サッカー—シュート　3 バスケットボール—スポーツ］

三　**【あるく—とぼとぼ】**

［1 泣（な）く—もぐもぐ　2 飲む—がぶがぶ　3 読む—ぺらぺら］

四【ぞうきん――そうじ】

［1 そろばん――計算　2 からあげ――料理　3 ぶらんこ――公園］

- ものの名前と、それがとれる場所を表す言葉
- ものの名前と、それが主にある場所を表す言葉
- ある動作と、それをするときの様子を表す言葉
- ものの名前と、それを使ってすることを表す言葉
- ものの名前と、それがふくまれるもの全体を表す言葉

問6

一と二は、【　　】のなかの言葉とにた意味を表す言葉を、三と四は、【　　】のなかの言葉と反対の意味を表す言葉を選（えら）んで、番号で答えてください。

◎にた意味を表す言葉

一 【多量（たりょう）】

［ 1 力量　2 大量　3 重量 ］

二 【近所】

［ 1 遠近　2 最近（さいきん）　3 付近（ふきん） ］

◎反対の意味を表す言葉

三 【心配】

［ 1 安全　2 安心　3 安静（あんせい） ］

四 【ちょっぴり】

［ 1 どっさり　2 ぴったり　3 ぎっしり ］

問7

一〜四の（　　　）に入る言葉として、最も(もっと)ふさわしいものはどれでしょうか。番号で答えてください。

一　西川さんの（　　　）は、やさしくて思いやりのあるところだ。

［1 名所　2 長所　3 高所］

二　三日前からエアコンの（　　　）が悪くて、部屋(へや)があたたまるまで時間がかかる。

［1 調子　2 調和　3 調整］

三　少年野球の大会の決勝戦(けっしょうせん)は、えんちょう戦でようやく（　　　）がついた。

［1 決議(けつぎ)　2 決着　3 決心］

四　この川は、もう少し下流に行くと、日本一長い川である信濃川(しなのがわ)と（　　　）する。

［1 一流　2 交流　3 合流］

問8

一～四のようなことを言うとき、（　　）に入る言い方として、最もふさわしいものを選んで、番号で答えてください。

一　せんたく機の故しょうの原因が分からず、電気屋さんは（　　）いる。
［1 首を長くして　2 首をかしげて　3 首を横にふって］

二　習いごとがあるので、木曜日は道草を（　　）ずに学校から帰るよう母に言われている。
［1 植え　2 ぬか　3 食わ］

三　家のなかではやんちゃな弟なのに、知らない人の前に出ると、まるで借りてきた（　　）のようだ。
［1 ねこ　2 すずめ　3 金魚］

四　ピアノも書道も続けたい気持ちは分かるけれど、「（　　）」にならないようにね。
［1 あぶはち取らず　2 さるも木から落ちる　3 後の祭り］

問9

一～四の【　】のなかの言葉は、一方の文では適切に使われていますが、もう一方の文では適切に使われていません。適切に使われているほうの文を選んで、番号で答えてください。

一【ずっと】

1 遊園地で遊ぶ時間はずっとあるから、いろいろな乗り物に乗ることができる。

2 中学生の姉は、小学校四年生のときからずっと日記をつけている。

二【めまぐるしい】

1 モモンガとムササビはめまぐるしいけれど、体の大きさやしっぽの形がちがっている。

2 冬休みの宿題、大そうじや正月の準備の手伝いで、年末の時間はめまぐるしく過ぎていった。

三【すみやか】

1 ひなん訓練では、火災発生を知らせる非常ベルが鳴ったら、すみやかに校庭に移動しよう。

2 十月に入って、外をあるいていると、すみやかな秋の風がふいているのを感じるようになった。

四【どなる】

1 遊ぶのに夢中になって家に帰るのがおそくなったため、父にどなられた。

2 飼い犬のテツには、散歩中にバイクがそばを通るとどなるくせがある。

問10

次の文章は、小学校四年生の湯川さんが、国語の授業(じゅぎょう)で「わたしの好(す)きな時間」について書いたものです。先生に出す前に読み直してみると、漢字の使い方や送りがなのつけ方が正しくないものがありました。ア〜コの――部分が正しければ○を、正しくなければ×を記入してください。

わたしの好きな時間は、おばあちゃんと散歩(さんぽ)をする時間です。土曜日や日曜日の朝、いっしょに１時間ぐらい散歩をしています。

おばあちゃんは毎日散歩をしています。３年前に病気になって、おア医者さんに「イ建康のために体を動かす習慣(しゅうかん)をつけたほうがいいですよ。」と言われたことがきっかけで、散歩をウ始たそうです。最初(さいしょ)はエ短いきょりをオ歩るくのもたいへんだったそうですが、今では坂を上ってもカ平気になったとうれしそうです。

散歩では、家を出発したら、たいていキ有歩道を通って公園まで行き、公園をク一周して家にもどってきます。その公園で空気を思いっ切りすって、鳥の声を聞くと、とても気持ちがいいです。

また、散歩中は、おばあちゃんといろいろなことを話すことができます。わたしは、学校でのケ出来言をよく話します。おばあちゃんはそれを楽しそうに聞いてくれます。道のとちゅうに花がさいていたら「きれいだね。」、ねこがいたら「かわいいね。」などと、コ感想を言い合うこともあります。ゆっくりとした気持ちでおしゃべりを楽しむことのできる時間です。

この大好きな散歩の時間を、これからも大切にしていきたいと思います。

問11

一〜四の文には、かなづかいの正しくない言葉がそれぞれ一つあります。その言葉の正しい書き表し方をひらがなで記入してください。

（例(れい)：文章を書くときには、かなずかいに気をつけなくてはならない。　解答(かいとう)●かなづかい）

一　昨日(きのう)は植物園で、めずらしい花や木をぢっくり観察(かんさつ)した。

二　おなかがすいたと思ってとけいを見ると、ちょおど十二時だった。

三　がっこうの帰り道、西の空にみかずきが出ているのが見えた。

四　姉は、どんなにつらくても弱音をはかない、がまんづよいせいえかくだ。

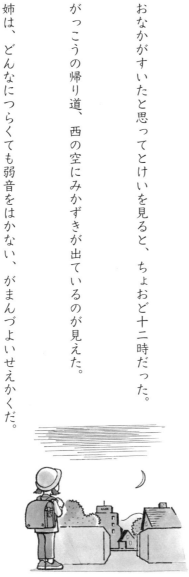

問12

例のように、中心の□のなかに漢字を入れて上下をつなぐと、それぞれ漢字二文字の言葉が二つできます。

〈例〉 学 → 校 → 門　「学校」「校門」という二つの言葉ができます。

同じようにして、漢字二文字の言葉ができるように、ア～エの□に入れる漢字をそれぞれの［　］から選んで、番号で答えてください。

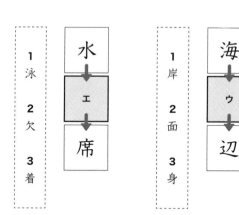

運 → ア → 令

1 転　2 号　3 命

整 → イ → 車

1 理　2 列　3 汽

海 → ウ → 辺

1 岸　2 面　3 身

水 → エ → 席

1 泳　2 欠　3 着

問13

一～五の（　）に入る正しい漢字を選んで、番号で答えてください。

一　ハイキングでヘビを見て、思わず（　）鳴を上げてしまった。
［1 悲　2 皮］

二　兄は、児童会の（　）会長に立候補した。
［1 福　2 副］

三　糸を強く引いていた魚をつり上げてみると、（　）外に小さかった。
［1 意　2 以］

四　原田さんとは、一年生から同じクラスで、（　）がよい。
［1 中　2 仲］

五　夜なか、姉の部屋から聞こえてきたラジオの音で、目が（　）めてしまった。
［1 覚　2 冷］

問14

一〜四それぞれの**ア**・**イ**の――部分は、同じ漢字で書き表すことができます。その**漢字一字**を書いてください。

一
ア バスをおりるときは、バスがとまるまで席を立たないようにしよう。
イ どしゃぶりの雨とかみなりのため、花火大会は、開始から約三十分後に中しになった。

二
ア 好きなアニメのキャラクターのカードが何まい集まったか、かぞえてみよう。
イ この理科の問題はむずかしくて、答えが分かった人はすう人しかいなかったそうだ。

三
ア ここから目的地の湖まで、まがりくねった坂道が続く。
イ 音楽の授業で、ベートーベンが作きょくした「喜びの歌」を聞いた。

四　ア　わたしたちのクラスの合い言葉は、『たすけ合い、力を合わせてがんばろう』だ。

イ　名たんていシャーロック・ホームズのじょ手は、医師(いし)のワトソン博士(はかせ)だ。

問15

左は、紙について調べている北川さんが、紙のわくわく博物館のイベントに参加したときにもらった資料です。これを見て、後の質問に答えてください。一、三、**四**は、番号で答えてください。

紙のわくわく博物館

小学生スペシャルイベント「目指せ　紙博士！」

ア

A　木から紙ができることを知っていますか。木材を細かくくだくと、パルプという紙のもとになるものができます。これを水にといてうすく広げ、水分をしぼってかわかしたら、紙ができあがります。

B　古紙（使い終わった紙）も紙の原料として利用します。細かくさいたりごみを取りのぞいたりしてパルプをつくり、古紙を資げんとしてもう一度使うのです。日本では、古紙の回しゅうや、古紙を利用する技術の開発が積極的に行われているので、このような古紙のリサイクルがさかんです。

手すきはがきを作ろう

── 牛にゅうパックの（　イ　）にちょうせん！ ──

〈作り方〉

1. あらった牛にゅうパックを切り開いて、２～３日水にひたす。

2. 表面のフィルムをはがしてから細かくちぎり、水を加えてミキサーにかける。

3. ミキサーのなかみを大きめの容器に移して水を足し、できあがった液体を紙すき器（金あみを張った木わく）ですくう。

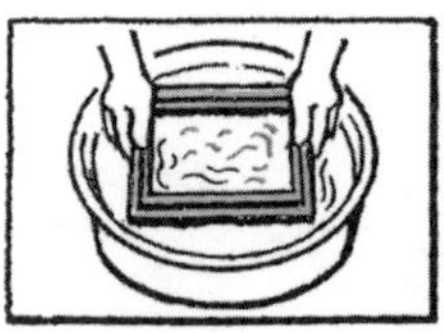

4. 紙すき器を外してタオルで水気を（　**ウ**　）、アイロンをかけてよくかわかしたら、完成！

一 アの文章のAのだん落に書かれている内容として、最も適切なものはどれでしょうか。

［1 紙の原料とつくり方　2 紙の発明と改良　3 紙の種類と使い道］

二 イに入る五文字の言葉を、アの文章のBのだん落からぬき出して書いてください。

三 ウに入る言葉として、最も適切なものはどれでしょうか。

［1 折り　2 引き　3 切り］

四 資料に書かれていることと合っているものを、一つ選んでください。

［
1 パルプとは、木材を紙のようにうすく切ったもののことである。
2 日本では、古紙を利用する技術の開発が積極的に行われている。
3 牛にゅうパックの表面のフィルムは、手すきはがきの材料として使われている。
］

問16

次の文章は、小学校四年生の小西さんが書いたものです。これについて、後の質問に番号で答えてください。

日曜日に、家族で緑山公園に行きました。公園の広い原っぱで、母が草花を使った楽しい遊びを三つ教えてくれました。

一つ目は、草ずもうです。二人で、好きな植物のくきを一本ずつ選び、下の絵のように引き合います。ちぎれたほうが負けなので、太くて（ **ア** ）そうなくきを選ぶのがだいじです。どんな草花を選ぶと勝てるかがだんだん分かってきて、おもしろかったです。

二つ目は、花かざり作りです。草花のくきを、花がならぶように編んで、輪の形にする遊びです。輪の大きさによってうで輪にしたり、かんむりにしたり、首かざりにしたりします。わたしは、タンポポのうで輪をきれいに作ることができて、うれしかったです。父が作った首かざりが、いろいろな花を編んでいてとてもきれいだったので、わたしも今度ちょうせんしてみようと思いました。

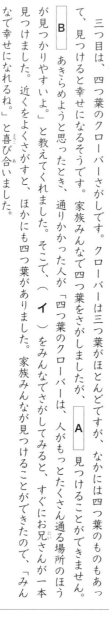

三つ目は、四つ葉のクローバーさがしです。クローバーは三つ葉がほとんどですが、なかには四つ葉のものもあって、見つけると幸せになるそうです。家族みんなで四つ葉をさがしましたが、［ **A** ］見つけることができません。［ **B** ］あきらめようと思ったとき、通りかかった人が「四つ葉のクローバーは、人がもっとたくさん通る場所のほうが見つかりやすいよ。」と教えてくれました。そこで、（ **イ** ）をみんなでさがしてみると、すぐにお兄さんが一本見つけました。近くをよくさがすと、ほかにも四つ葉がありました。家族みんなが見つけることができたので、「みんなで幸せになれるね。」と喜び合いました。

わたしはこれまで、公園に行っても遊具で遊ぶことが多かったので、草花でこんなに楽しく遊ぶことができると思っていませんでした。今回は春の草花で遊びましたが、ほかの（ **ウ** ）になったら、ちがう遊びもできそうです。夏や秋、冬の公園で、どんな草花の遊びができるか、楽しみです。

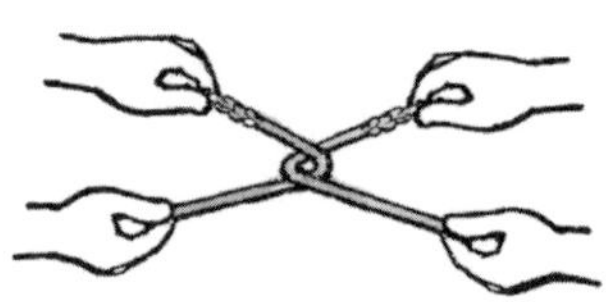

一 **ア**に入る言葉として、最も適切なものはどれでしょうか。

「**1** がんこ　**2** じょうぶ　**3** 強引」

二 **A**、**B**のそれぞれに当てはまる言葉の組み合わせとして、最も適切なものはどれでしょうか。

「
1 **A**…ますます　**B**…やっと
2 **A**…なかなか　**B**…もう
3 **A**…とうとう　**B**…まだ
」

三 **イ**に入る内容として、最も適切なものはどれでしょうか。

「**1** 公園の出入り口　**2** 花だんのなか　**3** もう一度同じ場所」

四 **ウ**に入る言葉として、最も適切なものはどれでしょうか。

「**1** 時こく　**2** 天気　**3** 季節」

五 文章に書かれている内容と合っているものはどれでしょうか。一つ選んでください。

「
1 小西さんは四つ葉を見つけることができなかったけれど、お兄さんは見つけることができた。
2 小西さんは、今度はいろいろな花を使ってうで輪を編んでみようと思った。
3 小西さんは、公園で、草花を使った遊びを楽しむことができた。
」

答案用紙

令和5（2023）年度　第2回

日本語検定

6級

受検者のみなさんへ

1. 下の「受検者番号シールはりつけらん」に、
   受検番号と名前が書いてあるシールをはりつけてください。
2. 答えを書くところはうらにもあります。
3. 読みやすい字で、わくからはみ出さないように書いてください。
4. まちがえたところは、消しゴムで消してから書いてください。

受検者番号シールはりつけらん

受検者番号シールを
はってください。

特定非営利活動法人
日本語検定委員会

書き方の例

1

番号で答えるときは、上のように書いてください。

問1
一
二
三
四

問2
一
二
三

問3
一
二
三
四

問4
一
二
三
四
五

問5
一
二
三
四

問6
一
二
三
四

問7
一
二
三
四

問8
一
二
三
四

問9
一
二
三
四

問10
ア
イ
ウ
エ
オ
カ
キ
ク
ケ
コ

問11
一
二
三
四

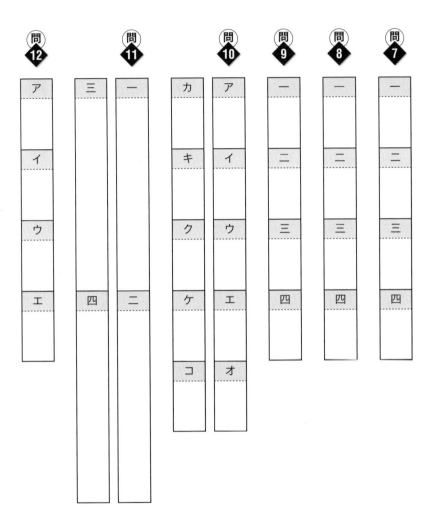

問12
ア
イ
ウ
エ

問13
一
二
三
四
五

問14
一
二
三
四

問15
一
二
三
四

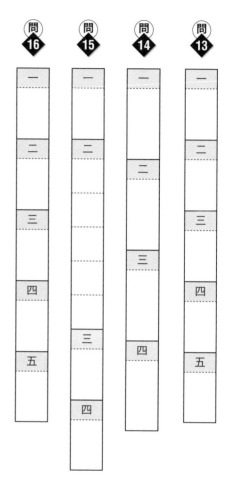

問16
一
二
三
四
五

6級　検定問題の解答と解説

問1［敬語］

解答　一…3　二…2　三…1　四…1

解答のポイント　物事をていねいに言い表す《ていねい語》、相手を敬う気持ちを表す《尊敬語》や《謙譲語》を、まとめて「敬語」といいます。

小学生は、まず、必要なときには「です・ます」などの《ていねい語》を使って、ていねいな言い方をするように心がけることが大切です。

《尊敬語》は、相手を敬う気持ちをこめて、相手の動作や、その人に関係する事がらを高めて言う言葉です。《謙譲語》は、相手を敬う気持ちをこめて、自分や自分の身内の動作や、関係する事がらをへりくだって言う言葉です。相手や場面をよく考えて、必要なときには《尊敬語》や《謙譲語》もある程度使えるようにしたいものです。

一　コーチや先生など、ふだんお世話になっている人にものをたずねるときは、ていねいな言い方をするよう心がけましょう。「犬ですか」とていねいな言い方でたずねている、3が適切です。1の「犬」と2の「犬なの」は、ふだん友達にたずねるときのような言い方で、不適切です。

二　朝の会などで、大勢の人の前で話すときは、ていねいな言い方をするよう心がけましょう。「はっておきます」とていねいに言っている、2が適切です。1の「はっておくよ」と3の「はっておくね」は、ふだん友達に話すときのような言い方で、不適切です。

三 自分より年上の人と話すときは、ていねいな言い方をするよう心がけましょう。「卒業」の尊敬語「ご卒業」を使い、「おめでとうございます」とていねいに言っている、1が適切です。2と3の「おめでとう」は、ふだん友達に話すときのような言い方で、不適切です。また、3の「卒業」は、尊敬語になっていません。

四 父親の友人に、自分の身内である父親のことを話すようなときは、「お父さん」ではなく「父」という言い方をしましょう。また、自分の身内の動作に尊敬語を使うのは不適切です。「父は」、「います」と言っている、1が適切です。2と3は、自分の父親の動作に「いらっしゃる」という尊敬語を使っているので、不適切です。また、3は、自分の父親を「お父さん」と言っているので、不適切です。

問2 【敬語】

解答 一…3　二…3　三…1

解答のポイント 「(自分が) もらう」ことを謙譲語を使って「いただく」、「(相手が) くれる」ことを尊敬語を使って「くださる」と言います。「いただく」や「くださる」は、相手を敬う気持ちを表すことに加えて、自分が何かをもらったり、相手が何かをくれたりすることが、自分にとってありがたいことだという意味を表します。「(自分が)～していただく」、「(相手が)～してくださる」も同じで、相手を敬う気持ちを表すことに加えて、そのことを自分がしてもらったり、相手がしてくれたりすることが、自分にとってありがたいことだという意味を表します。

一　じょう水場の案内係の人が教えて「くれる」ことが、自分にとってありがたいことだということを、尊敬語「くださる」を使って言っている、3「教えてください」が適切です。1「教えて」や、2「教えてよ」には、敬語が使われておらず、ふだん友達に話すときのような言い方で、不適切です。

二　司書の先生からすすめて「もらった」ことが、自分にとってありがたいことだということを、謙譲語「いただく」を使って言っている、3「すすめていただいた」が適切です。1「すすめてあげた」や、2「すすめてもらった」には敬語が使われていません。また、1「すすめてあげた」は、相手から自分がしてもらったことに「あげた」という言い方はしないので、不適切です。

三　身内である姉がしてくれたことをほかの人に話すときに、尊敬語を使うのは不適切です。1「選んでくれた」が適切です。2「選んでいただいた」は、姉がだれかに選んでもらったことになりますが、だれに選んでもらったか分からないので、適切とはいえません。3「選んでくださった」は、尊敬語を使っているので、不適切です。

問3 ［言葉のきまり］

解答　一…2　二…1　三…2　四…2

解答のポイント　「借りる」のような形の変わり方をする言葉や、「受ける」のような形の変わり方をする言葉を「〜できる」という意味で使うときには、「られる」を付けて、「借りられる」、「受けられる」と言います。そのほか、「来る」も、「られる」を付けて「来られる」と言うのが適切です。そのとき「れる」を付けて「借りれる」、「受けれる」、「来れる」と言うと、《らぬき言葉》という不適切な言い方になります。

　これ以外の主なものとして、「歩ける」となる「歩く」のような言葉があります。次の説明を参考にしてください。

借りる…「借り（ない）・借り（ます）・借りる・借りる（とき）・借りれ（ば）・借りろ・借り（よう）」と形が変わる。イ段の音である「り」が共通している。→「られる」を付けて「借りられる」と言う。

受ける…「受け（ない）・受け（ます）・受ける・受ける（とき）・受けれ（ば）・受けろ・受け（よう）」と形が変わる。エ段の音である「け」が共通している。→「られる」を付けて「受けられる」と言う。

歩く…「歩か（ない）・歩き（ます）・歩く・歩く（とき）・歩け（ば）・歩け・歩こ（う）」と形が

変わる。→「〜できる」という意味で使うときには、「歩ける」と言う。

一　「調べる」は、「調べ（ない）・調べ（ます）・調べる・調べる（とき）・調べれ（ば）・調べろ・調べ（よう）」と形が変わる言葉で、「受ける」と同じ変わり方をします。「〜できる」という意味で使うときには、「られる」を付けて、２「調べられる」と言うのが適切です。

二　「ほす」は、「ほさ（ない）・ほし（ます）・ほす・ほす（とき）・ほせ（ば）・ほせ・ほそ（う）」と形が変わる言葉で、「歩く」と同じ変わり方をします。「〜できる」という意味で使うときには、１「ほせる」と言うのが適切です。

三　「起きる」は、「起き（ない）・起き（ます）・起きる・起きる（とき）・起きれ（ば）・起きろ・起き（よう）」と形が変わる言葉で、「借りる」と同じ変わり方をします。「〜できる」という意味で使うときには、「られる」を付けて「起きられる」と言うので、２「起きられる（ように）」が適切です。

四　「借りてくる」の「くる」を「〜できる」という意味で使うときには、「られる」を付けて「こられる」と言うので、２「こられ（なかった）」が適切です。

問4 ［言葉のきまり］

解答 一…○　二…×　三…×　四…○　五…×

解答のポイント 伝えたいことを、正しく分かりやすく相手に伝えるためには、文の中の言葉と言葉との関係に気をつけることが大切です。次のようなことに注意しましょう。

● 「主語」と「述語」が正しく対応しているか。

● 「いつ」のことを言っているのかが、正しく伝わる言い方をしているか。

一 「姉は」と「通っています」が正しく対応しています。

二 これからのことである「明日」と、これまでのことを言う言い方である「来ました」が正しく対応していないので、不適切な文です。「明日、沖縄のおじいさんが久しぶりにうちに来ます。」のようにすれば、適切な文になります。

三 「葉が」と「落としています」が正しく対応していないので、不適切な文です。「イチョウの木から、黄色い葉がはらはらと落ちています。」のようにすれば、適切な文になります。

四 「（バドミントンを）し」たのがだれなのかを表す、「○○は（が）」が省略された文です。省略されている「○○は（が）」と「（バドミントンを）しました」が正しく対応しています。

五 「食べ物は」と「食べています」が正しく対応していないので、不適切な文です。「弟が好きな食べ物は、カレーライスです。」のようにすれば、適切な文になります。

問5 ［いろいろな言葉］

解答　一…3　二…3　三…2　四…1

解答のポイント　二つの言葉の表す意味が、どのような関係になっているかを考える問題です。

一　「米」は「田」でとれますから、二つの言葉は「ものの名前と、それがとれる場所を表す言葉」という関係です。「にんじん」は「畑」でとれますから、3「にんじん ― 畑」が同じ関係です。1「りんご ― 果物」は、「りんご」は「果物」の一種ですから、「ものの名前と、それがふくまれるもの全体を表す言葉」という関係です。2「魚 ― 貝」の「魚」と「貝」は、どちらも海や湖などにすむ生き物です。

二　「ピアノ」は「楽器」の一種ですから、二つの言葉は「ものの名前と、それがふくまれるもの全体を表す言葉」という関係です。「バスケットボール」は「スポーツ」の一種ですから、3「バスケットボール ― スポーツ」が同じ関係です。1「野球 ― グローブ」は、「野球」の用具の一つが「グローブ」という関係です。2「サッカー ― シュート」は、「サッカー」でボールをゴールに向けてけることが「シュート」という関係です。

三　元気なく「歩く」様子を「とぼとぼ」と言い表しますから、二つの言葉は「ある動作と、それをするときの様子を表す言葉」という関係です。水などを勢いよく「飲む」様子を「がぶがぶ」と言い表しますから、2「飲む ― がぶがぶ」が同じ関係です。1の「もぐもぐ」は、口を大きく開けずに物をかむ様子を表す言葉で、「泣く」様子を表すのに使われる言葉ではありません。3の「ぺらぺら」は、言わなくてもいいことまでしゃべる様子を表す言葉で、「読む」様子を表すのに使われる言葉ではありません。

四　「ぞうきん」は「そうじ」で使いますから、二つの言葉は「ものの名前と、それを使ってすることを表す言葉」という関係です。「そろばん」は「計算」するときに使いますから、1「そろばん ― 計算」が同じ関係です。2「からあげ ― 料理」は、「からあげ」は「料理」の方法の一つであるという関係です。3「ぶらんこ ― 公園」は、「ぶらんこ」は主に「公園」にありますから、「ものの名前と、それが主にある場所を表す言葉」という関係です。

問6　[いろいろな言葉]

解答　一…2　二…3　三…2　四…1

解答のポイント　にた意味を表す言葉（「類義語」といいます）と、反対の意味を表す言葉（「対義語」といいます）についての問題です。

一 「多量（たりょう）」は、量が多いことです。にた意味を表す言葉は、２「大量」で、数や量が多いことです。１「力量」は、物事をやりとげる能力（のうりょく）の高さのことです。３「重量」は、物の重さのことです。

二 「近所」は、ある場所から近いところのことです。にた意味を表す言葉は、３「付近（ふきん）」で、ある場所の近くのことです。１「遠近」は、遠いところと近いところのことです。２「最近（さいきん）」は、今より少し前のある時、また、少し前から今までの間のことです。

三 「心配」は、あれこれと思いなやむこと、また、その様子です。反対の意味を表す言葉は、２「安心」で、気がかりなことがなくなって、気持ちが落ち着くこと、また、その様子です。１「安全」は、きけんがないこと、また、その様子です。３「安静（あんせい）」は、体をあまり動かさず、静（しず）かにしていることです。

四 「ちょっぴり」は、少ししかない様子を表す言葉です。反対の意味を表す言葉は、１「どっさり」で、とてもたくさんある様子を表す言葉です。２「ぴったり」は、すき間なくくっついている様子を表す言葉です。３「ぎっしり」は、限（かぎ）られた空間に、人や物がすき間なくいっぱいにつまっている様子を表す言葉です。

問7 [言葉の意味]

解答 一…２　二…１　三…２　四…３

解答のポイント　**同じ漢字がふくまれている熟語の使い分けの問題です。言い表そうとしていることをよく考えて、それにふさわしい言葉を選ぶことが必要です。**

一　人やもののすぐれたところのことをいう、2「長所」が適切です。1「名所」は、景色がよかったり歴史的な出来事があったりして、人々によく知られている場所のことです。3「高所」は、高い場所のことです。

二　物事や、その動作のぐあい、様子のことをいう、1「調子」が適切です。2「調和」は、二つ以上の物事のつり合いがうまく取れていることです。3「調整」は、物事に手を加えて、よいぐあいになるように整えることです。

三　物事の結果が出て終わりになることをいう、2「決着」が適切です。「決着がつく」という言い方でよく使われます。1「決議」は、会議をして決めること、また、その決めた事がらのことです。3「決心」は、あることをしようと、考えをはっきり決めること、また、その考えのことです。

四　二つ以上の川の流れが合わさって、一つになることをいう、3「合流」が適切です。1「一流」は、ある事がらについて、最もすぐれていることです。2「交流」は、別々の地いきや集団の間で、人やものがたがいに行き来することです。

問8 ［言葉の意味］

解答 一…2　二…3　三…1　四…1

解答のポイント 言い表そうとしていることに合う慣用句やことわざを、選んだり、完成させたりする問題です。

一 2「首をかしげて」が適切です。「首をかしげる」は、不思議に思ったり変だと思ったりすることをいいます。この文では、せんたく機が故しょうした原因が分からず、不思議に思っているということを言っています。1の「首を長くする」は、強く待ち望むことをいいます。3の「首を横にふる」は、首を左右にふって賛成しない気持ちを表すことをいいます。

二 3「食わ」を入れて、「道草を食わずに」とするのが適切です。「道草を食う」は、目的の場所に行くとちゅうで、ほかのことに時間を使うことをいいます。この文では、木曜日は、とちゅうで余計なことに時間を使わず、まっすぐ帰るように言われているということを言っています。

三 1「ねこ」が適切です。「借りてきたねこ」は、いつもはやんちゃなねこが、よその家に連れてこられてとてもおとなしくしているように、ふだんとちがってとてもおとなしい様子を表します。この文では、弟は、家の中ではやんちゃだけれど、知らない人の前ではとてもおとなしいということを言っています。

四　1「あぶはち取らず」が適切です。「あぶはち取らず」は、あぶとはちを同時にとろうとして、結局どちらもとれないように、よくばって二つのことをやろうとして、どちらもうまくいかないことをたとえていうことわざです。この文では、ピアノも書道も続けられなくなるということを言っています。2「さるも木から落ちる」は、木登りが上手なさるでも木から落ちることがあるように、どんな名人もたまには失敗することがあることをたとえていうことわざです。3「後の祭り」は、物事が終わってしまって、もうどうすることもできないことをたとえていうことわざです。

問9【言葉の意味】

解答　一…2　二…2　三…1　四…1

解答のポイント　**使い方のうえで注意が必要な、いろいろな言葉を取り上げています。**

一　「ずっと」は、ある状態を長い間続けている様子を表す言葉です。長い間、姉が日記をつけ続けているということを言っている、2の使い方が適切です。1の使い方は不適切で、「たっぷり」などなら適切です。

二　「めまぐるしい」は、次々にいろいろなことが起こって、目が回るほどだという様子を表す言葉です。いそがしくしているうちに年末の時間が過ぎていったということを言っている、2の使い方が適切です。1の使い方は不適切で、「まぎらわしい」などなら適切です。

三　「すみやか」は、時間をかけずに行う様子を表す言葉です。時間をかけず、すばやく校庭に移動(いどう)するということを言っている、1の使い方が適切です。2の使い方は不適切で、「さわやか」などなら適切です。

四　「どなる」は、大声でしかることをいう言葉です。父に大声でしかられたということを言っている、1の使い方が適切です。2の使い方は不適切で、「ほえる」などなら適切です。

問10 【書き表し方】

解答

ア…◯　イ…×　ウ…×　エ…◯　オ…×

カ…◯　キ…×　ク…◯　ケ…×　コ…◯

解答のポイント　文章を書くときには、漢字の使い方・送りがなのつけ方などに気をつけて、まちがいのないようにすることが大切です。また、書いた後には、こうしたまちがいがないか、しっかりと見直すようにしましょう。

ア　医者…正しい書き表し方です。

イ　建康…「健康(けんこう)」が正しい書き表し方です。体に悪いところがなく、じょうぶなことです。

ウ　始た…「始めた」が正しい書き表し方です。「はじめる（始める）」は、「はじめ（ない）・はじめ（ます）・はじめる・はじめる（とき）・はじめれ（ば）・はじめろ・はじめ（よう）」と形が変(か)わる言葉です。このような言葉は、形が変わる部分の前の、エ段(だん)のひらがな（この場合は「め」）から送りがなをつけるのがふつうです。

エ　短い…正しい書き表し方です。

オ　歩るく…「歩く」が正しい書き表し方です。「あるく（歩く）」は、「あるか（ない）・あるき（ます）・あるく・あるく（とき）・あるけ（ば）・あるけ・あるこ（う）」と形が変わる言葉です。このような言葉は、形が変わる部分（この場合はそれぞれ「か・き・く・く・け・け・こ」）から送りがなをつけるのがふつうです。

カ　平気…正しい書き表し方です。

キ　有歩道…「遊歩道」が正しい書き表し方です。散歩(さんぽ)のために造(つく)られた道のことです。

ク　一周(いっしゅう)…正しい書き表し方です。

ケ　出来言…「出来事」が正しい書き表し方です。社会や身の回りで起こる事がらのことです。

コ　感想…正しい書き表し方です。

問11 ［書き表し方］

解答 一…じっくり　二…ちょうど　三…みかづき　四…せいかく

解答のポイント 「じ」と「ぢ」、「う」と「お」など、まちがえやすいかなづかいを取り上げています。

一 「ぢっくり」は、「じっくり」が正しい書き表し方です。「じ」と「ぢ」の使い分けについては、ふつう「じ」を使って書き表します。「ぢ」を使って書き表すのは、「はなぢ（鼻＋血）」のように、二つの語が合わさってできた言葉で、後の語の初めに「ち」がある場合などです。

二 「ちょおど」は、「ちょうど」が正しい書き表し方です。オ段の音をのばして言う言葉の多くは、「おとうさん」、「とうだい」のように、「お」ではなく「う」で書き表します。

三 「みかずき」は、「みかづき」が正しい書き表し方です。「みかづき」は、「みっか（三日）」と「つき（月）」の二つの語が合わさってできた言葉です。「みかづき」のように、二つの語が合わさってできた言葉で、後の語の初めに「つ」がある場合などは、「ず」ではなく「づ」で書き表します。

四 「せえかく」は、「せいかく」が正しい書き表し方です。エ段の音をのばして「エー」、「ケー」と言う言葉の多くや、「エイ」、「ケイ」と言う言葉は、「えいご」、「ていねい」のように、「え」ではなく「い」で書き表します。

問12 ［漢字］

解答　ア…3　イ…2　ウ…1　エ…3

解答のポイント　二字の熟語に共通する漢字を見つける問題です。ア〜エに入れる漢字と、できる言葉は次のとおりです。

ア…命　●運命　●命令
イ…列　●整列　●列車
ウ…岸　●海岸　●岸辺
エ…着　●水着　●着席

アには、3「命」が入ります。「運命」は、人間の力では変えることのできないこととして起こる、幸、不幸のことです。「命令」は、立場が上の人が下の人に、あることをするように言い付けることです。

イには、2「列」が入ります。「整列」は、きちんと列を作ってならぶことです。「列車」は、鉄道で、人や荷物をのせる車両をいくつかつなげて走らせるもののことです。

ウには、1「岸」が入ります。「岸」は、陸地が海・川・湖などの水と接している場所のことで、そのうち海と接しているところが「海岸」です。「岸辺」は、岸のあたりを指していう言葉です。

エには、3「着」が入ります。「水着」は、水泳や海水浴をするときに身に着けるものです。「着席」は、席にすわることです。

問13 【漢字】

解答 一…1　二…2　三…1　四…2　五…1

解答のポイント 同じ読み方をする漢字の使い分けの問題です。漢字の表す意味から考えましょう。

一 「悲」にも「皮」にも、「ひ」という読み方があります。1「悲」を入れた「悲鳴」が適切です。「悲」は、つらかったりさびしかったりして、泣きたいような気持ちである様子を表す漢字です。「悲鳴」は、おそろしいときやおどろいたときなどに上げるさけび声のことです。2「皮」は、体やものの表面をおおうものという意味を表す漢字です。

二 「福」にも「副」にも、「ふく」という読み方があります。2「副」を入れた「副会長」が適切です。「副」は、中心となるものの働きや仕事を助けるという意味を表す漢字です。「副会長」は、会長の仕事を助けたり、代わって行ったりする人のことです。1「福」は、幸せという意味を表す漢字です。

三 「意」にも「以」にも、「い」という読み方があります。1「意」を入れた「意外」が適切です。

「意」は、人の思いという意味を表す漢字です。「意外」は、思っていたことと実際のことがひどくちがっていて、おどろきを感じる様子を表します。2「以」は、はんいや時間の始まりという意味を表す漢字です。

四　「中」にも「仲」にも、「なか」という読み方があります。1「中」は、真ん中という意味を表す漢字です。2「仲」が適切です。「仲」は、人と人との間がらという意味を表す漢字です。

五　「覚」にも「冷」にも、「さ（める）」という読み方があります。1「覚」を入れた「覚めてしまった」が適切です。「覚」は、はっきりとする、また、感じるという意味を表す漢字です。「覚める」は、心の働きがはっきりとすることで、ねむりが終わって、心がはっきり働くようになることを「目が覚める」といいます。2「冷」は、温度が低いという意味を表す漢字で、「冷める」は、熱いものの温度が低くなることです。

問14 【漢字】

解答　一…止　二…数　三…曲　四…助

解答のポイント　ア・イの ―― の部分を、同じ漢字で書き表す問題です。アはその漢字の訓読み、イは音読みです。

一　アの「止（まる）」は、動いていたものが動かなくなることです。イの「中止」は、物事をとちゅうでやめることです。

二　アの「数（える）」は、数を調べることです。イの「数人」は、いく人かの人のことです。

三　アの「曲（がりくねる）」は、道や川の流れの方向が何回も変わることです。イの「作曲」は、音楽の曲をつくること、また、詩にメロディーを付けることです。

四　アの「助（ける）」は、物事がうまくいくように手伝うことです。イの「助手」は、ある人の仕事がうまく進むように手伝う人のことです。

問15【総合問題】

解答　一…1　二…リサイクル　三…3　四…2

解答のポイント　**資料から必要な内容を読み取って考える問題です。**

一　アの文章のAのだん落に書かれている「木から紙ができる」、「木材を細かくくだくと、パルプという紙のもとになるものができます。」では、紙の原料のことを言っています。そして、「これを水にといて……紙ができあがります。」では、つくり方について言っています。したがって、1「紙の原料とつくり方」がアの文章のAのだん落に書かれている内容として適切です。

二 **ア**の文章の**B**のだん落を読むと、「古紙を資げんとしてもう一度使うのです。……このような古紙のリサイクルが」とあって、「(古紙を)資げんとしてもう一度使う」ことが「(古紙の)リサイクル」と言いかえられていることが分かります。また、手すきはがきの**〈作り方〉**を見ると、手すきはがき作りでは、牛にゅうパックを資げんとしてもう一度使っていることが分かります。これらのことから、**イ**に入る言葉は「リサイクル」となります。

三 手すきはがきの**〈作り方〉**の手順3のときには、手すきはがきはまだ水分を多くふくんでいることが分かります。また、**ウ**の後には「アイロンをかけてよくかわかしたら、完成！」と書かれています。これらのことから、水分がなくなるようにするという意味を持つ言葉「切る」を用いた、**3**「切り」が適切であると分かります。**1**の「折る」と**2**の「引く」には、水分がなくなるようにするという意味がないので、どちらも**ウ**に入る言葉として不適切です。

四 **ア**の文章の**B**のだん落に、「日本では、……古紙を利用する技術の開発が積極的に行われている」とあるので、**2**が合っています。**ア**の文章の**A**のだん落に、「木材を細かくくだくと、パルプという紙のもとになるものができます。」とあるので、**1**「パルプとは、木材を紙のようにうすく切ったもののことである。」は合っていません。手すきはがきの**〈作り方〉**の手順2に「表面のフィルムをはがしてから」とあって、その後の手順でフィルムは使われていないので、**3**「牛にゅうパックの表面のフィルムは、手すきはがきの材料として使われている。」は合っていません。

問16 【総合問題】

解答　一…2　二…2　三…1　四…3　五…3

解答のポイント　**総合問題です。これまでに出てきたいろいろな内容がふくまれています。**

一　アをふくむ文には、「ちぎれたほうが負けなので、太くてアそうなくきを選ぶのがだいじ」と書かれています。つまり、草ずもうに勝つためには、「太くてアそうな」、ちぎれにくいくきを選ぶことがだいじだと言っていると考えられます。このことから、アには、しっかりしていて、切れたりこわれたりしにくい様子を表す、2「じょうぶ」が適切です。1「がんこ」は、自分の考え方ややり方を変えようとしない様子、3「強引」は、無理に物事を行う様子を表す言葉で、どちらも不適切です。

二　Aをふくむ文には、「家族みんなで四つ葉をさがしましたが」、「見つけることができません」と書かれています。つまり、家族みんなでさがせば見つかると思っていたのに、見つけられなかったということを言っていると考えられます。ですから、Aには、後に「〜ない」などの打ち消しの言葉が付く形で、思いどおりにいかない様子を表す、「なかなか」が適切です。「ますます」は、前よりもずっとそうなる様子、「とうとう」は、時間がたって最後にそうなる様子を表す言葉で、どちらも不適切です。

Bの前には四つ葉を「なかなか見つけることができません」とあり、後には四つ葉を見つけるのを「あきらめようと思った」と続きます。Bには、あと少しで、あることをする時になる様子を表す、「もう」が適切です。「やっと」は、待ち望んでいたことがようやく実現する様子、「まだ」は、後に打ち消しの言葉が付く形で、あることが実現していない様子を表す言葉で、どちらも不適切です。以上のことから、2「A…なかなか　B…もう」が適切です。

三　小西さんたちは、初めは「公園の広い原っぱ」で四つ葉のクローバーをさがしていました。ところが、通りかかった人に「人がもっとたくさん通る場所のほうが見つかりやすい」と教えてもらって、「イをみんなでさがしてみる」ことにしました。つまり、イには、「公園の広い原っぱ」と比べて「人がもっとたくさん通る場所」が当てはまると考えられます。ですから、公園を利用する人がたくさん通ると考えられる、1「公園の出入り口」が適切です。2「花だんのなか」、3「もう一度同じ場所」は、「公園の広い原っぱ」と比べて「人がもっとたくさん通る場所」とはいえないので、不適切です。

四　前には春の草花で遊んだこと、後には夏や秋、冬の草花でどんな遊びができるか楽しみであることが書かれているので、「ほかのウになったら、ちがう遊びもできそうです」では、夏や秋、冬になったら、春とはちがう草花の遊びもできそうだということを言っていると考えられます。ですから、ウには、「春」、「夏」、「秋」、「冬」を表す言葉である、3「季節」が適切です。1「時こく」は、時間の流れの中のある時点を、「時」、「分」、「秒」を使って表したもの、2「天気」は、晴れ、くもり、雨などの空の様子のことで、どちらも不適切です。

五 第五だん落の最初の文から、小西さんが公園の草花で楽しく遊ぶことができたことが分かるので、**3**が書かれている内容と合っています。**1**は、第四だん落に「家族みんなが見つけることができた」とあり、「小西さんは四つ葉を見つけることができなかった」という部分が合っていません。**2**は、第三だん落に「父が作った首かざりが、いろいろな花を編んでいてとてもきれいだったので、わたしも今度ちょうせんしてみようと思いました。」とあり、「うで輪」が合っていません。

7級

令和5（2023）年度　第2回

日本語検定

検定問題

受検上の注意

1. 問題は、合図を聞いてからひらいてください。
2. ページの順番がちがうときや、字が見えにくいようなよごれがあるときは、
   とりかえますので、手をあげてください。
3. 答えは、答案用紙のほうに書いてください。
4. 答案用紙の「受検者番号シールはりつけらん」に、
   受検番号と名前が書いてあるシールをはりつけてください。
5. 問題の中身についてのしつもんには答えられません。
6. とちゅうで会場を出るときは、手をあげて、きょかをもらってから出てください。

●検定実施：2023 年 11 月 11 日実施

●受検時間：50 分

特定非営利活動法人
日本語検定委員会

問1

一〜三では、それぞれどちらの言い方がていねいでしょうか。番号で答えてください。

一　【クラスのみんなの前で、じこしょうかいをして】

1　わたしのすきなスポーツは、サッカーです。

2　わたしのすきなスポーツは、サッカーだよ。

二　【本屋さんに行って、店員さんに】

1　漢字ドリルは、どこにおいてあるの。

2　漢字ドリルは、どこにおいてありますか。

三　【ほけん室で、ほけん室の先生に】

1　ろうかでころんで、ひざをすりむいてしまったので、手当てをしてよ。

2　ろうかでころんで、ひざをすりむいてしまったので、手当てをしてください。

問2

一～三の（　　）の中に入る、いちばんよく合う言葉はどれでしょうか。番号で答えてください。

一　わたしの家では、メダカを十五（　　）かっています。

［**1** 足　**2** 頭　**3** ひき］

二　家族でハイキングに行くときに、ペットボトルのお茶を四（　　）もっていきました。

［**1** 本　**2** さつ　**3** まい］

三　月に一（　　）、わたしは、となり町にすんでいるいとこの家にあそびに行きます。

［**1** こ　**2** 回　**3** 点］

問3

一～五の文には、大山さんの今日一日のいろいろな出来事が書いてあります。それぞれの（　　）の中に入る、いちばんよく合う言葉はどれでしょうか。番号で答えてください。

一　ひこうきの絵をかいて、色を（　　）ました。

［**1** きり　**2** はり　**3** ぬり］

二　さいふを（　　）ので、交番にとどけました。

［**1** くばった　**2** すてた　**3** ひろった］

三　ハンカチを（　　）、たんすにしまいました。

［**1** かぶって　**2** たたんで　**3** はいて］

四　ペットショップで、ウサギが（　　　）ところを見ました。

［1 およぐ　2 ほえる　3 はねる］

五　いっしょうけんめい作った雪だるまが（　　　）しまって、さみしくなりました。

［1 ほって　2 とけて　3 ふって］

問4

一～三の（　　）の中に入る、いちばんよく合う言葉はどれでしょうか。番号で答えてください。

一　けしゴムがつくえからおちて、（　　）とゆかをころがりました。
［1 うろうろ　2 ころころ　3 よろよろ］

二　頭が（　　）するので、学校を休みました。
［1 うきうき　2 どきどき　3 ずきずき］

三　校庭のイチョウのはっぱが、（　　）と風にまっています。
［1 ざらざら　2 ひらひら　3 すらすら］

問5

一～三の（　　）の中に入る、いちばんよく合う言葉はどれでしょうか。番号で答えてください。

一　シャワーであせをながしたら、（　　　）しました。

［ **1** ぴったり　**2** ぐっすり　**3** さっぱり ］

二　二年生になって、（　　　）にんじんが食べられるようになりました。

［ **1** きっと　**2** やっと　**3** そっと ］

三　となりの家の森木さんがひっこすことを、わたしは（　　　）知りませんでした。

［ **1** とつぜん　**2** だんだん　**3** ぜんぜん ］

問6

一〜四は、アの――の言葉と反対の意味を表す言葉を、イの（　　）に入れると、意味の通じる文になります。（　　）に入る言葉を［　］からえらんで、番号で答えてください。

一　ア　弟のかみの毛はみじかいので、すぐにかわきます。
　　イ　ゾウは（　　　）はなを使って、じょうずに水をのみます。

二　ア　この肉はかたいので、かんでいるうちに、あごがいたくなりました。
　　イ　このもちは（　　　）ので、よくのびます。

三　ア　わたしがすんでいる町には、ふるい寺があります。
　　イ　足が大きくなって、今まではいていたくつはもうはけないので、（　　）くつを買ってもらいました。

四

ア　わたしの家からえきまではとおいので、歩くと十五分いじょうかかります。

イ　わたしの家は学校に（　　　）ので、学校まで歩いて五分もかかりません。

1 あかるい　2 ちかい　3 ながい　4 あたらしい　5 やわらかい

問7

一～四の（　）にいちばんよく当てはまる言葉はどれでしょうか。［　］からえらんで、番号で答えてください。一つの言葉は一回しか使えません。

一 わたしは、日曜日（　）、家族と遊園地に行きました。

二 きのう、わたしは、スーパーマーケット（　）、金本さんに会いました。

三 わたしは、クラスの体育係（　）しています。

四 お父さんのけいたい電話（　）鳴っています。

1 が　**2** に　**3** で　**4** を

問8

一～五の（　）の中の言葉は、どちらが正しい書き表し方でしょうか。番号で答えてください。

一　おやつに（1 せんべえ　2 せんべい）を食べました。

二　パジャマをぬいで、（1 ようふく　2 よおふく）にきがえました。

三　このセーターは（1 ひつぢ　2 ひつじ）の毛でできています。

四　（1 ちず　2 ちづ）を見て、図書館をさがしました。

五　ふろに入って、（1 せつけん　2 せっけん）で体をあらいました。

問9

一〜四の（　　）に当てはまる漢字はどちらでしょうか。番号で答えてください。

一　このセーターは、わたしには（　　）し大きすぎます。

［1 小　2 少］

二　わたしがすんでいる町には、パソコンをつくる（　　）場があります。

［1 工　2 土］

三　クリスマスツリーのかざりが、きらきらと（　　）っていました。

［1 元　2 光］

四　午後になって、雨が（　　）くなってきました。

［1 羽　2 弱］

問10

一〜四の（　）に当てはまる漢字はどちらでしょうか。番号で答えてください。

一　エアコンのリモコンの電（　）が切れて、使えなくなってしまいました。

［1 地　2 池］

二　わたしは、たし算やかけ算などの（　）算がとくいです。

［1 計　2 形］

三　お兄さんは毎日、ねる前に日（　）を書いています。

［1 気　2 記］

四　海にあそびに行ったとき、すなはまで（　）がらをあつめました。

［1 会　2 貝］

7級 問題

問11

一～四の——の読（よ）み方（かた）を、ひらがなで書（か）いてください。

一 わたしの家（いえ）でかっているねこは、黄色（きいろ）い目をしています。

二 えきのホームに、たくさんの人がならんでいます。

三 コンビニエンスストアで、小さい男の子がおかしをねだっていました。

四 わたしの妹（いもうと）は、今年（ことし）の四月に小学校に入学しました。

問12

一〜四の――のところを、漢字で書いてください。

一 あしたはうんどう会なので、今日ははやくねます。

二 お姉さんは、キャラメルをくちに入れました。

三 お父さんは毎朝、くるまにのって会社に行きます。

四 今日は、雲一つないあおぞらです。

問13

一〜三は、下の三つの［　］に同じ仲間の言葉が入り、上の［　］にそれらをまとめてよぶ言葉が入ります。

ア〜ウに当てはまる言葉をそれぞれの［　］からえらんで、番号で答えてください。

一

花

- チューリップ
- アサガオ
- **ア**

1 シイタケ　**2** ヒマワリ　**3** じょうろ

二

- 虫
  - イ
  - チョウ
  - ホタル

1 虫かご　2 羽(はね)　3 トンボ

三

- ウ
  - オムライス
  - ハンバーグ
  - ラーメン

1 ピザ　2 レストラン　3 食(た)べ物(もの)

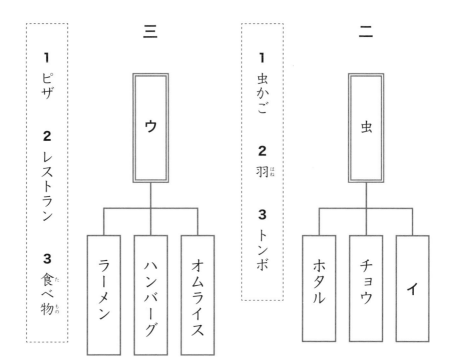

問14

左のカレンダーは、森下さんのクラスの十一月の行事予定表です。
これを見て、一～四の（　　）に当てはまる言葉を番号で答えてください。

2023年 **11** 月

日	月	火	水	木	金	土
			1	2	3	4 学習発表会
5	6	7	8 全校集会	9	10 マラソン大会	11
12	13	14	15	16	17 クイズ大会	18
19	20 音楽発表会	21	22	23	24	25
26	27	28	29	30		

一　十一月十二日から見て、三日前は、（　　　）です。

［1 木曜日　2 金曜日　3 土曜日］

二　十一月十四日から見て、あさっては、十一月（　　　）です。

［1 十三日　2 十五日　3 十六日］

三　十一月十七日は、「クイズ大会」がある日です。十一月十七日から見て、「マラソン大会」がある日は、（　　　）の金曜日です。

［1 先週　2 今週　3 来週］

四　十一月二十日は、「音楽発表会」がある日です。「二十日」は、（　　　）と読みます。

［1 よっか　2 ようか　3 はつか］

問15

次の文章は、大竹さんが「こども音楽まつり」に行ったときのことについて書いたものです。これを読んで、一～四の問題に番号で答えてください。

わたしは、土曜日に、家族で「こども音楽まつり」に行きました。

はじめに、「リズムコーナー」で、カスタネットや木きんを使ってあそびました。木きんはじょうずにたたかないと、音がきれいに出ないので、むずかしかったです。お父さんは、木きんをじょうずにたたいていて、かっこいいと思いました。

つぎに、「ドレミコーナー」で、楽器のえんそうをききました。トランペットやバイオリンのえんそうをきくのははじめてだったので、「こんな音がするのだな」とびっくりしました。えんそうをきいているとき、妹はバイオリンをひくまねをしていました。ア<u>それ</u>を見て、とても楽しい気持ちになりました。

（ **イ** ）、「ハーモニーコーナー」で、歌手の歌をききました。知っている歌があったので、わたしもいっしょになって歌いました。

わたしは音楽がすきなので、来年の「こども音楽まつり」にもまた行きたいです。

一 「こども音楽まつり」で、大竹さんが使った楽器は、次のうちどれでしょうか。

［ **1** トランペット　**2** バイオリン　**3** カスタネット ］

二 **ア**「それ」は、どのようなことを表していますか。

［
1 お父さんがじょうずに木きんをたたいたこと。
2 妹がバイオリンをひくまねをしたこと。
3 わたしが歌手といっしょに歌を歌ったこと。
］

三 **イ**に当てはまる言葉は、次のうちどれでしょうか。

［ **1** まず　**2** だから　**3** さいごに ］

四 じっさいに「こども音楽まつり」であった出来事は、次のうちどれでしょうか。

［
1 「ハーモニーコーナー」で、大竹さんが使った木きんは音が出なかった。
2 「リズムコーナー」で、大竹さんは歌手の歌をきいた。
3 「ドレミコーナー」で、大竹さんはトランペットのえんそうをきいてびっくりした。
］

答案用紙

令和5（2023）年度 第2回

日本語検定

7級

注意

1. 下の「受検者番号シールはりつけらん」に、受検番号と名前が書いてあるシールをはりつけてください。
2. わくからはみ出さないように、ていねいに書いてください。
3. まちがえたところは、けしゴムでけしてから書いてください。

受検者番号シールはりつけらん

受検者番号シールをはってください。

特定非営利活動法人
日本語検定委員会

書き方のお手本

3

番号で答えるときは、このように書いてください。

問1

一

二

三

問2

一

二

三

問3

一

二

三

四

五

問4

一

二

三

問5

一

二

三

問6

一

二

三

四

問7
一
二
三
四

問8
一
二
三
四
五

問9
一
二
三
四

問10
一
二
三
四

問11
一
二
三
四

問12
一
二
三
四

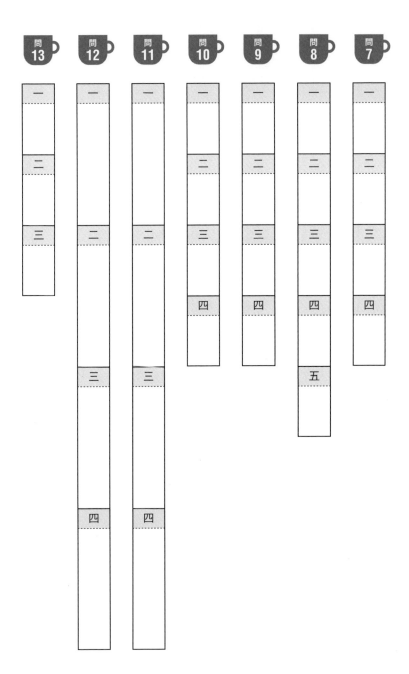

問13
一
二
三

7級　答案用紙

問14

一	二	三	四

問15

一	二	三	四

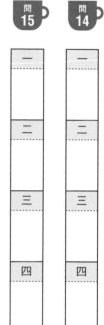

問1 しょう。

答え 一…1　二…2　三…2

解答のポイント 相手や場面を考えて、ひつようなときには、ていねいな言い方ができるようにしましょう。

一　クラスのみんななど、おおぜいの前で話をするときには、1の「サッカーです」のように、ていねいな言い方をするよう心がけましょう。2の「サッカーだよ」は、ふだん友達に話すときのような言い方で、ていねいではありません。

二　店員さんなど、自分よりも年が上の人に何かをたずねるときには、2の「どこにおいてありますか」のように、ていねいな言い方をするよう心がけましょう。1の「どこにおいてあるの」は、ふだん友達に話すときのような言い方で、ていねいではありません。

三　先生など、お世話になっている人に何かをおねがいするときには、2の「手当てをしてください」のように、ていねいな言い方をするよう心がけましょう。1の「手当てをしてよ」は、ふだん友達に話すときのような言い方で、ていねいではありません。

問2

答え　一…3　二…1　三…2

解答のポイント　身近な物事の数え方の問題です。物事を数えるときには、数を表す言葉の後に、それぞれ決まった言葉をつけることがあります。いろいろな数え方を使えるようにしましょう。

一　メダカや昆虫など、小さな生き物を数えるときには、3「ひき」を使います。1「足」は、スリッパやくつしたなど、足にはくものを左右ひとそろいで数えるときに使う言葉です。2「頭」は、ライオンやゾウなど、大きな動物を数えるときに使う言葉です。

二　飲み物が入ったペットボトルやびん、また、えんぴつなど、細長いものを数えるときには、1「本」を使います。2「さつ」は、ノートや本（図書）などを数えるときに使う言葉です。3「まい」は、紙やハンカチなど、うすくて平たいものを数えるときに使う言葉です。

三　「あそびに行く」など、物事を行う数を数えるときには、2「回」を使います。1「こ」は、「りんごが一こあります」や「ボールが三こあります」など、いろいろなものを数えるときに広く使う言葉ですが、物事を行う数を数えるときには使いません。3「点」は、スポーツの得点やテストのせいせきなどを表すときに使う言葉です。

問3

答え 一…3　二…3　三…2　四…3　五…2

解答のポイント 人やものの動きを表す言葉を取り上げています。その言葉がどのような動きを表しているかを考えてみましょう。

一 色えんぴつや絵の具などで、色をつけることを表すときには、3の「ぬる」という言葉を使います。1の「きる」は、一つのものをはさみなどを使ってべつべつに分けることです。2の「はる」は、ほかのものをのりなどでぴったりとつけることです。

二 落ちているものを手に取ることを表すときには、3の「ひろう」という言葉を使います。1の「くばる」は、あるものを何人かの人にわたすことです。2の「すてる」は、いらないものをほうり出すことです。

三 ハンカチなどを何度かおって小さい形にすることを表すときには、2の「たたむ」という言葉を使います。1の「かぶる」は、ぼうしなどを頭の上から体につけることです。3の「はく」は、ズボンやくつなどに足を入れて体につけることです。

四 動物などがぴょんととぶことを表すときには、3の「はねる」という言葉を使います。1の「およぐ」は、体を動かして水の中を進むことです。2の「ほえる」は、動物がまわりに向かって大きな声を出すことです。

五　雪や氷が温まって水になることを表すときには、２の「とける」という言葉を使います。１の「ほる」は、地面にあなをあけて土を外に出したり、木などに切りつけて形をつけたりすることです。３の「ふる」は、雨や雪が空から落ちてくることです。

問４

答え　一…２　二…３　三…２

解答のポイント　**◆音や様子を表す言葉を取り上げています。その言葉がどのような音や様子を表しているかを考えましょう。**

一　小さなかるいものがころがる様子を表す、２「ころころ」がいちばんよく合う言葉です。１「うろうろ」は、あちこち行ったり来たりする様子を表す言葉です。３「よろよろ」は、足もとがしっかりしていなくて、たおれそうな様子を表す言葉です。

二　いたみがくりかえしひびくようにつづく様子を表す、３「ずきずき」がいちばんよく合う言葉です。１「うきうき」は、うれしくて心がはずむ様子を表す言葉です。２「どきどき」は、うれしさやこわさなどのために、心ぞうがはやく打つ様子を表す言葉です。

三　はっぱや花びらなど、うすくてかるいものがゆれ動く様子を表す、２「ひらひら」がいちばんよく合う言葉です。１「ざらざら」は、ものの表面があらく、さわった感じがなめらかでない様子を表す言葉です。３「すらすら」は、物事がつかえたりおくれたりしないで、なめらかに進んでいく様子を表す言葉です。

問5

答え　一…３　二…２　三…３

解答のポイント　**ものの動きや様子などを表すときに、その動きや様子をくわしく表したり、強めたりする言葉をえらぶ問題です。**

一　いやな感じがなくなり、気持ちのよい様子を表す、３「さっぱり」がいちばんよく合う言葉です。１「ぴったり」は、ものとものとが、すき間なくくっついている様子を表す言葉です。２「ぐっすり」は、とてもふかくねむっている様子を表す言葉です。

二　なかなかそうならなかったけれども、ようやくそうなったという様子を表す、２「やっと」がいちばんよく合う言葉です。１「きっと」は、かならずそうなるだろうと予想する様子を表す言葉です。３「そっと」は、音を立てないように気をつけて何かをする様子を表す言葉です。

三　３「ぜんぜん」がいちばんよく合う言葉です。「ぜんぜん」は、後に「～ない」「～ません」などの言葉がついて、そうではない、また、そうならない様子を強めていう言葉です。１「とつぜん」は、思っていなかったことが急に起こる様子を表す言葉です。２「だんだん」は、物事がゆっくりと進んでいく様子を表す言葉です。

問6

答え　一…３　二…５　三…４　四…２

解答のポイント　**それぞれの場面に合わせて、反対の意味を表す言葉をえらぶ問題です。**

一「みじかい」の反対の意味を表す言葉は、３「ながい」です。アの文では、弟のかみの毛が短いので、あらった後にぬれていてもすぐにかわくということを言っています。イの文では、ゾウが長い鼻を使ってじょうずに水をため、口に運んでのむことを言っています。

二「かたい」の反対の意味を表す言葉は、５「やわらかい」です。アの文では、肉がかたくて、あごがいたくなるくらい何度もかまないと食べられなかったということを言っています。イの文では、もちがやわらかいので、ひっぱるとかんたんにのびることを言っています。

三「ふるい」の反対の意味を表す言葉は、４「あたらしい」です。アの文では、寺はずっと昔からこの町にあるということを言っています。イの文では、今まではいていたくつのかわりに、新品を一足買ってもらったということを言っています。

四　「とおい」の反対の意味を表す言葉は、２「ちかい」です。アの文では、家からえきまでのきょりが長く、歩いていくとかなり時間がかかるということを言っています。イの文では、家から学校までのきょりが短く、歩くのにそれほど時間がかからないということを言っています。

問7

答え　一…２　二…３　三…４　四…１

解答のポイント　「〜を…」「〜に…」のように、語と語のかんけいを表す言葉があります。それらの言葉を使って、意味のはっきりした文をかんせいさせる問題です。

一　２「に」を入れると、「わたしは、日曜日に、家族と遊園地に行きました。」となり、遊園地に行ったのが日曜日だということがわかります。

二　３「で」を入れると、「きのう、わたしは、スーパーマーケットで、金本さんに会いました。」となり、金本さんと会った場所がスーパーマーケットであることがわかります。

三　４「を」を入れると、「わたしは、クラスの体育係をしています。」となり、わたしがまかされているのが体育係であることがわかります。

四　1「が」を入れると、「お父さんのけいたい電話が鳴っています。」となり、音が鳴っているものがけいたい電話であることがわかります。

問8

答え　一…2　二…1　三…2　四…1　五…2

解答のポイント　けいかく・おねえさん」「そうじ・おおかみ」のような、のばす音が入った言葉や、「しゃりん」「しゅっぱつ」「しょうぎ」のように、小さい字の「っ」「ゃ」「ゅ」「ょ」を使って書く言葉の書き表し方に注意しましょう。また、「じ」と「ぢ」や、「ず」と「づ」の使い分けにも注意しましょう。

一　2「せんべい」が正しい書き表し方です。「え・け・せ・て・ね・へ・め・れ」をのばして言う言葉の中で、「え」を使って書き表すものは、「おねえさん」や「ええ、そうです」と返事をするときの「ええ」など、少ししかありません。そのほかの「とけい」や「ていねい」などの言葉は、「い」を使って書き表します。

二　1「ようふく」が正しい書き表し方です。「お・こ・そ・と・の・ほ・も・よ・ろ」をのばして言う言葉は、「おとうさん」「べんとう」などのように、「う」を使って書き表すのがふつうです。「こおり」「こおろぎ」「とお（十）」など、「お」を使って書き表す言葉もあります。

三　2「ひつじ」が正しい書き表し方です。「にじ」「じかん（時間）」などの言葉は、「じ」を使って書き表します。「はなぢ（はな〔鼻〕＋ち〔血〕）」、「そこぢから（そこ〔底〕＋ちから〔力〕）」などのように、二つの言葉からできていて、後の言葉のはじめに「ち」がある場合は、「ぢ」を使って書き表します。

四　1「ちず」が正しい書き表し方です。「ずかん」「すず」「おかず」などの言葉は、「ず」を使って書き表します。「みかづき（みっか〔三日〕＋つき〔月〕）」「こづかい（こ＋つかい）」などのように、二つの言葉からできていて、後の言葉のはじめに「つ」がある場合は、「づ」を使って書き表します。

五　「せっけん」は、2「せっけん」のように、小さい「っ」を使うのが正しい書き表し方です。

問9

答え　一…2　二…1　三…2　四…2

解答のポイント　漢字の中には、「石」と「右」や、「王」と「玉」のように、形がにているものがあります。そのような、形がにている漢字の使い分けについての問題です。

一　「すこ（し）」という読み方をする、２「少」を当てはめると、「このセーターは、わたしには少し大きすぎます。」という、正しい文になります。１「小」は、「ちい（さい）」という読み方をする漢字です。

二　「こう」という読み方をする、１「工」を当てはめると、「わたしがすんでいる町には、パソコンをつくる工場があります。」という、正しい文になります。２「土」は、「つち」という読み方をする漢字です。

三　「ひか（る）」という読み方をする、２「光」を当てはめると、「クリスマスツリーのかざりが、きらきらと光っていました。」という、正しい文になります。１「元」は、「もと」という読み方をする漢字です。

四　「よわ（い）」という読み方をする、２「弱」を当てはめると、「午後になって、雨が弱くなってきました。」という、正しい文になります。１「羽」は、「はね」という読み方をする漢字です。

問10

答え　一…２　二…１　三…２　四…２

解答のポイント 同じ読み方のある漢字の使い分けの問題です。その文で言おうとすることや、言葉の意味を考えて、正しい漢字を使うようにしましょう。

一 どちらも「ち」という読み方のある漢字です。電気を起こしてリモコンやおもちゃを動かす「電ち」には、２「池」が当てはまります。１「地」は、「土地」「地面」などの言葉に使う漢字です。

二 どちらも「けい」という読み方のある漢字です。たし算やかけ算などをすることをいう「けい算」には、１「計」が当てはまります。２「形」は、「図形」「形式」などの言葉に使う漢字です。

三 どちらも「き」という読み方のある漢字です。毎日の出来事や感じたことを書きしるしたものをいう「日き」には、２「記」が当てはまります。１「気」は、「気温」「人気」などの言葉に使う漢字です。

四 どちらも「かい」という読み方のある漢字です。水べの生き物である「かい」の体の外側のかたい部分のことをいう「かいがら」には、２「貝」が当てはまります。１「会」は、「会話」「運動会」などの言葉に使う漢字です。

問11

答え 一…め　二…ひと　三…おとこ　四…にゅうがく

解答のポイント それぞれの文の中で、——のところの漢字の読み方を答える問題です。

一 「め」と読みます。「目」には、「もく」「め」などの読み方があります。

二 「ひと」と読みます。「人」には、「じん」「にん」「ひと」という読み方があります。

三 「おとこ」と読みます。「男」には、「だん」「なん」「おとこ」という読み方があります。

四 「にゅうがく」と読みます。「入」には「にゅう」「い（る・れる）」「はい（る）」、「学」には「がく」「まな（ぶ）」という読み方がそれぞれあります。

問12

答え 一…早　二…口　三…車　四…青空

解答のポイント それぞれの文の中で、——のところの言葉の意味を考えて、漢字で書く問題です。

一 ふだんより前の時間であることを表す、「早」という漢字を使って書くのが正しい書き方です。

二 顔の中の「くち」のことを表す、「口」という漢字を使って書くのが正しい書き方です。

三 自動車のことを表す、「車」という漢字を使って書くのが正しい書き方です。

四 空がよく晴れていて、青く見えることを表す、「青空」という漢字を使って書くのが正しい書き方です。

問13

答え　一…2　二…3　三…3

解答のポイント　**同じ仲間になる言葉と、それらをまとめてよぶ言葉を考える問題です。**

一　「チューリップ」と「アサガオ」は「花」の仲間ですから、アには、「花」の仲間である、2「ヒマワリ」が当てはまります。1「シイタケ」は、マツタケやシメジなどと同じ「きのこ」の仲間です。3「じょうろ」は、花や野菜などに水をやるときに使う道具です。

二　「チョウ」と「ホタル」は「虫」の仲間ですから、イには、「虫」の仲間である、3「トンボ」が当てはまります。1「虫かご」は、虫とりをするときに、つかまえた虫を入れておく入れ物です。2「羽」は、虫や鳥などの体についている、とぶときに広げるもののことです。

三　ウには「オムライス」「ハンバーグ」「ラーメン」をまとめてよぶ言葉が入りますから、3「食べ物」が当てはまります。1「ピザ」は、「食べ物」の一つで、オムライスやハンバーグなどと同じ仲間です。2「レストラン」は、食べ物をつくってお客さんにていきょうする店のことです。

問14

答え 一…1　二…3　三…1　四…3

解答のポイント カレンダーに書いてあることを正しく読み取り、それをどう言い表すのかを考える問題です。

一 カレンダーを見ると、十一月十二日は、「日曜日」であることがわかります。十一月十二日から見て、一日前の十一日は「土曜日」、二日前の十日は「金曜日」と数えていくと、三日前の九日は、「木曜日」になります。**1**「木曜日」が正しい答えです。

二 「あさって」は、今日から見て二日後のことです。今日が十一月十四日ですから、二日後の「あさって」は十一月十六日です。**3**「十六日」が正しい答えです。**1**の「十三日」は、「今日」から見て一日前ですから、「きのう」です。**2**の「十五日」は、「今日」から見て一日後ですから、「あした」です。

三 「週」は、日曜日から土曜日までの七日間のことです。**1**「先週」は、今日から見て一つ前の週のことです。**2**「今週」は、今日をふくむ週のことです。**3**「来週」は、今日から見て一つ後の週のことです。ここでは、今日が「クイズ大会」のある十一月十七日ですから、先週は五日から十一日まで、今週は十二日から十八日まで、来週は十九日から二十五日までです。ですから、「マラソン大会」がある十一月十日は、今日から見て、先週の金曜日です。１「先週」が正しい答えです。

四　「二十日」は、「はつか」と読みます。３「はつか」が正しい答えです。１「よっか」は、「四日」の読み方です。２「ようか」は、「八日」の読み方です。

問15

答え　一…３　二…２　三…３　四…３

解答のポイント　**文章を読んで、書かれていることを正しく読み取る問題です。**

一　文章の二行目に、「カスタネットや木きんを使ってあそびました」と書いてあります。このことから、大竹さんが使った楽器はカスタネットや木きんであることがわかります。３「カスタネット」が正しい答えです。

二　アをふくむ文の前の文に「えんそうをきいているとき、妹はバイオリンをひくまねをしていました。」と書いてあります。このことから、大竹さんがとても楽しい気持ちになったのは、妹がバイオリンをひくまねをしているのを見たからだとわかります。「それ」が表しているのは、２「妹がバイオリンをひくまねをしたこと。」です。

三　長い文章を読むときには、どんなことがどんなじゅんじょで書かれているかを考えて読むようにしましょう。この文章を読んでいくと、はじめに「リズムコーナー」であそび、つぎに「ドレミコーナー」で楽器のえんそうをきいて、さいごに「ハーモニーコーナー」で歌手の歌をきいたということが、じゅんじょよく書かれているとわかります。ですから、イには、「ハーモニーコーナー」であそんだじゅんじょを表す、**3**「さいごに」が当てはまります。

四　**1**は、「ハーモニーコーナー」で大竹さんがしたことは、歌手の歌をきいたことなので、じっさいにあった出来事ではありません。**2**も、「リズムコーナー」でしたことは、カスタネットや木きんを使ってあそんだことなので、じっさいにあった出来事ではありません。**3**は、文章の中に「『ドレミコーナー』で、楽器のえんそうをききました」「トランペットやバイオリンのえんそうをきくのははじめてだったので……びっくりしました」とあるので、じっさいにあった出来事です。**3**が正しい答えです。

カバーイラスト…………福政真奈美
装丁…………………………難波邦夫
DTP…………………………牧屋研一
本文イラスト……………黒沢信義

日本語検定 公式過去問題集 6級7級 令和6年度版

第1刷発行　2024年3月31日

編　　者　日本語検定委員会
発 行 者　渡辺能理夫
発 行 所　東京書籍株式会社
〒114-8524　東京都北区堀船2-17-1
電話 03-5390-7531（営業）　03-5390-7506（編集）
日本語検定委員会事務局
フリーダイヤル 0120-55-2858
印刷・製本　図書印刷株式会社

ISBN975-4-487-81756-6 C0081

東京書籍　https://www.tokyo-shoseki.co.jp
日本語検定委員会　https://www.nihongokentei.jp

定価はカバーに表示してあります。
乱丁・落丁の際はお取り替えいたします。